<그리스도인이면 꼭 알아야 할 성경 지식>

스파냐

주의 날과 이스라엘의 회복

서울솔로몬학교 성경연수원

차 례

이 책에 인용된 성경 구절은 〈한글킹제임스성경〉입니다.

제1과
주의 날을 예언한 스파냐(1장)

『**주**의 큰 날이 가깝도다. 그 날이 가깝고도 심히 급하니, 곧 **주**의 날의 음성이라. 용사가 거기에서 비통하게 부르짖으리라』(습 1:14).

존 할삼 경의 눈물 어린 호소

1900년대 초반 영국의 옛 청교도였던 "존 할삼" 경은 성경의 예언들을 믿는 사람이었다. 석유 판매를 중단하겠다는 모슬렘 아랍국들의 협박으로, 영국 의회에서 "윈스턴 처칠"이 "밸푸어 선언"(1917년에 영국이 팔레스타인 땅에서의 이스라엘 국가 건설을 지지한 선언)을 취소하자는 결의를 모으고 있었을 당시, 하원 의석에서 존 할삼 경이 일어나 영어 〈킹제임스성경〉을 들고 신명기 32:43과 아모스 9:14,15을 읽어 내려가면서 상원 의원들에게 "제발 이스라엘을 버리지 말라"며 눈물로 이렇게 호소했다. "여러분, 여러분과 저는 알고 있습니다. 팔레스타인 땅은 유대인 민족에게 속한 것입니다. 하나님의 이 위대하고 영광스러운 성경을 유산으로 물려받은 우리의 조상들은 아브라함의 아들인 이삭에게 주어진 약속들을 의심하지 않았습니다. 하나님께서 약속하신 견지에서 바라볼 때, 우리의 지도자들이 유대인들의 땅인 이 팔레스타인 땅에 대해 이처럼 음모를 계획하여 이 땅을 다른 민족에게 넘겨준다면 과연 심판 날에 우리는 무엇이라고 변명할 것입니까?"

하지만 아무도 그의 말에 귀를 기울이지 않았고, 이 예언의 말씀을 믿지 않은 윈스턴 처칠은 밸푸어 선언을 취소했다. 그 결과 하나님께서는 제2차 세계대전이 벌어진 지 1년 만인 1940년에 독일의 공군 장교 "헤르만 괴링"을 영국으로 보내셔서 융단폭격하게 하셨고, 결국 공업도시 "코벤트리"는 초토화되었다. 이후 영국은 일류국가에서 밀려났고, 1970년에는 경제적으로 파산하는 비운을 맞기도 했다.

스파냐는 어떤 책인가?

B.C. 630년경에 기록된 "스파냐"는 남왕국 유다가 저지른 우상 숭배의 죄를 책망하는 가운데 아마겟돈 전쟁을 통한 엄중한 심판을 다루고 있다. 이 책의 기록자는 "쿠시의 아들 스파냐"(습 1:1)이다. 그는 "요시야 왕"의 통치 기간에 예언한 선지자로서 "예레미야" 선지자와 동시대의 인물이다. "스파냐"라는 이름은 "하나님께서 감추셨다" 또는 "하나님께서 아끼셨다"는 의미이다.

"역사의 중심"이자 "성경 예언의 중심"인 "이스라엘 민족"은 하나님께서 아끼셨던 민족이고 "이스라엘 땅" 역시 하나님께서 아끼셨던 땅이다. 그러나 그들은 자주 반항하고 불평하는 목이 굳은 완고한 백성으로서, 하나님께서 그들에게 주신 율법을 버렸고 주님으로부터 완전히 돌아섰다. 주위의 어떤 이방 민족보다도 더 가증하고 악하게 행했는데, 심지어 그들의 왕이신 메시아를 거부하고 십자가에 못박아 죽이기까지 했다. 이처럼 그들이 하나님을 버리자, 하나님께서도 그들을 버리셨다. 바로 그 아끼셨던 땅에서 아끼셨던 민족을 내쫓으신 것이다. 이후로는 "세상이라는 무덤"(cf. 겔 37:12) 속에 그들을 감추셨는데, 이에 대해 성경은 "밭(세상, 마 13:38)에 숨겨진 보물"(마 13:44)로 묘사하고 있다. 이스라엘은 메시아를 거부한 이후 세상 한가운데 감추어진 채로 완전히 버림받았고, "이방인들의 때"(눅 21:24)가 끝날 때까지 이방 나라들에 의해 계속 짓밟히게 된다.

그런데 이스라엘을 완전히 버리시고 황폐하게 하신 하나님께서 그들을 다시 아끼기 시작하셨다. 세상에 감추셨던 보물을 "독특한 보물"(출 19:5, 시 135:4)로 다시 꺼내 드신 것이다. 다시 말해 그동안 이스라엘과 예루살렘을 짓밟아 왔던 "이방인들의 때"가 끝나 가고 있다. 1917년 영국에서 발포했던 "밸푸어 선언"과 1948년에 이스라엘이 독립 국가를 세운 사건은 "매우 중요한 분기점"이었다. 그동안 감추어져 왔던 독특한 보물을 위한 "예언의 시계"가 움직이기 시작한 것이다. 또한 이방인들의 때가 끝나 가고 유대인들이 다시 세계 정상에 우뚝 서게 될 것을 알려 주는 여러 가지 시대적인 표적들이 현 시대에 나타나고 있다.

이처럼 "스파냐"는 하나님께서 친히 아끼신 민족을 어떻게 세상에 내버리셔서 그곳에 감추시고 심판하셨는지, 그리고 그 감추셨던 민족을 어떻게 다시 아끼기 시작하시는지, 더 나아가서는 이스라엘을 괴롭히고 박해했던 이방 민족들을 어떻게 심판하시고 멸망시키는지를 보여 준다. 『**보라, 그 때에 내가 너를 괴롭게 하는 모든 자를 파멸시킬 것이며, 또 내가 저는 자를 구원하며, 쫓겨난 자를 모으고, 그들이 수치를 당하였던 모든 땅에서 찬사와 명성을 얻게 하리라. 그 때에 내가 너희를 다시 데려오고 그 때에 내가 너희를 모으리니, 이는 내가 너희 목전에서 너희의 사로잡힌 자를 돌이킬 때, 너희로 땅의 모든 백성 가운데서 명성과 찬사를 얻게 하려 함이라. 주가 말하노라**』(습 3:19,20).

"미리 기록된 이 역사책"을 믿고 안 믿고는 그 사람의 자유이자 권리이다. 그것은 "인권 지상주의" 시대를 살아가는 사람에게 보장된 소중한 "권리"이다. 하지만 누군가가 믿지 않는다고 해서 성경의 예언이 역사적으로 이루어지지 않는 것은 아니다. 미리 기록하신 대로 역사를 이루어가시고 예언을 성취하시는 것은 "하나님의 권리"이다. 하나님의 권리를 무시하고 그 알량한 "인간의 권리"를 지키겠다고 함부로 떠들었다가는 "하나님의 진노의 심판"을 피하지 못한다. 결국 영원히 꺼지지 않는 불못으로 던져져 영원히 고통받게 될 것이다.

■ 새롭게 깨달았거나 적용할 내용이 있다면 적어 보세요. ■

유대인을 향한 심판(1장)

1. 유대인들이 심판을 받는 원인

선지자 "스파냐"는 이스라엘의 고관들과 재판관들, 선지자들, 제사장들, 백성들 안에 뿌리 깊게 자리 잡은 "우상 숭배의 죄"를 강력하게 책망했고, 그로 인해 내려질 "하나님의 심판"에 대해 예언했다. 『**내가 또한 유다와 예루살렘의 모든 거민들 위에 내 손을 뻗치리라. 내가 이곳으로부터 바알의 남은 자와 크마림의 이름을 그 제사장들과 더불어 끊어 버리리니**』(4절). 또한 지면으로부터 모든 것을 완전히 진멸하고(2절) 사람을 끊어 버릴 것이라고(3절) 경고했다. 말하자면 "약속의 땅"인 팔레스타인 땅에서 유대인들을 끊어 버리시겠다는 경고로서, 주님께서 아끼셨던 민족과 땅이 완전히 황폐화되고 버려지는 것이다.

이것은 약속의 땅에서 이스라엘을 쫓아내시겠다는 예언인데, "역사적"으로는 바빌론의 느부캇넷살 왕을 통해 성취되었고, "교리적"(예언적)으로는 그런 "황폐함"이 교회 시대를 지나 환란 시대까지 이어져 적그리스도를 통해 극대화된다(예언의 "이중적인 적용"). 특히 『**사람을 끊어 버리리라**[will cut off].』(3절)라는 예언은 대환란 기간에 행해질 "참수형," 곧 사람의 "목을 끊어 버리는 일"을 암시해 준다. 다시 말해 그날이 오면 "환란 성도들"은 짐승의 형상에 경배하지 않고 짐승의 표를 받지 않은 대가로 "목 베임"을 당하게 된다. 적그리스도는 "하나님의 성전"에 앉아 "하나님"으로 자처하면서(살후 2:4) 인간을 제물로 바치는 "피의 제사"를 요구할 것인데(시 16:4, 계 6:9-11), 실제로 예루살렘에서 미처 피하지 못하고 붙잡혀 목이 잘린 유대인들은 마귀들의 제단에 희생 제물로 드려지고 그 죽은 몸은 "인육"으로 먹힐 것이다(미 3:3). 성경은 그렇게 먹힐 사람들의 수에 대해서도 예언하는데, 곧 "십분의 일"이다(사 6:13).

실로 끔찍한 일이 벌어지는 것인데, 유대인들이 그런 극심한 심판을 받게 되는 이유가 무엇인가? 가장 큰 원인은 그들이 주를 거역하여 죄를 지었기 때문이다. 『**내가 사람들에게 고통을 주리니, 그들이 눈먼 사람들처럼 걸을 것이라. 이는 그들이 주를 거슬러 죄를 지었음이라. 그들의 피가 티끌처럼 쏟아지고 그들의 살은 똥같이 쏟아지리라**』(17절). "우상 숭배의 죄"가 가장 큰 문제였는데, 그들이 "바알"을 섬겼고(4절), "하늘의 군상들"과 "말캄"(몰렉)에게도 경배했던 것이다(5절). 당시의 우상 숭배의 죄가 얼마나 가증스러웠는가 하면, 거룩해야 할 성전 안에 우상과 형상이 있었고(겔 8:5,6), 가증스러운 짐승들과 모든 우상들이 벽 사면에 그려져 있었으며(겔 8:7-12), 여인들은 "탐무스"라 불리는 이교도 신을 위해 울었고(겔 8:14), 사람들은 태양을 향해 경배했다(겔 8:16).

특히 남편들이 "예레미야" 선지자에게 가서 "하나님"께 묻고 있는 동안, 아내들은 "하늘의 여왕"에게 기도함으로써(렘 44장) "이중적인 태도"를 보이기도 했는데, 하나님께서는 그런 식의 태도를 보이는 가증한 자들을 가리켜 『**주로도 맹세하고 말캄으로도 맹세하며 경배하는 자들**』(5절)이라고 경고하셨다. 『**그 때에는 내가 촛불들을 가지고 예루살렘을 샅샅이 뒤져 찌끼같이 가라앉은 사람들을 벌하리니, 그들의 마음에 말하기를 "주께서는 선도 행하지 아니하시고 악도 행하지 아니하시리라." 하는도다**』(12절). 말하자면 한쪽 발은 하나님 편에 두고 다른 한쪽 발은 우상들 편에 두고 섬기는 자들인 것이다. 하지만 우상은 유일하신 하나님의 권위에 전적으로 반하는 것이기에, 우상과 하나님은 결코 양립할 수 없다. 그래서 실제적인 우상이든, 영적인 우상이든, 어떤 형태의 우상이라도 철저히 제거해야 한다.

2. 유대인들을 향한 하나님의 진노의 심판

하나님과 우상을 동시에 섬기고 선과 악에 대해 이중적인 태도를 취한 유대인들은 결국 "선과 악의 경계"마저 무너뜨렸다. 이 경계가 무너지면 "선"은 온데간데없이 사라지고 "악"만 가득 차게 되는데, 이에 그들은 주님을 거역하여 "완전한 우상 숭배"로 돌아서고 말았다. 그 결과 주님으로부터 완전히 돌아서 버린 유대인들은 주님을 찾지도 않고 주님께 구하지도 않았다(6절). 또한 폭력과 속임수만 난무하게 되었다(9절). 이러한 반역은 초림 때까지 이어져 그들의 "메시아"를 죽이게 했고, 그들은 "그 피를 자기들의 머리 위로 돌리라!"라고 외치면서 인류 역사상 가장 끔찍한 저주를 자초하고 말았다.

하나님께서는 이 파렴치하고 가증한 죄를 저지른 이스라엘 백성을 철저하게 응징하시고 심판하셨는데, "스파냐"에 예언된 심판의 내용은 "바빌론의 침공 때" 뿐만 아니라, 지난 2천 년의 역사를 보더라도 여러 차례 일어났고, 특히 제2차 세계대전 때는 더욱 극심했다.

첫째, 그들의 죄에 대해 진노하신 하나님께서는 유대인들을 그 지면으로부터 끊어 버리셨다(3절). 즉 "약속의 땅"에서 쫓아내신 것이다.

둘째, 하나님께서는 장사하는 백성을 모두 멸망시키고 은을 지닌 자들을 끊어 버리셨다(11절). 경제적으로 파탄하게 하신 것인데, 심지어 그들의 재산을 전리품이 되게 하셨다(13절).

셋째, 집들을 황폐화시키셔서 그 집에 거주하지 못하도록 하셨다. 그래서 유대인들을 위한 "죽음의 수용소"(아우슈비츠, 트레블링카 등)가 건설되었고, 유대인 강제거주지역인 게토가 세워져 유대인들이 그곳으로 이송되기도 했다.

넷째, 하나님께서는 그들에게 고통을 주셔서 그들이 눈먼 사람들처럼 걷게 하셨다(17절 a). 하나님을 거역한 이스라엘을 "미침과 눈멂과 경심증(놀람)"으로 치시고 소경처럼 더듬게 하신 것이다(신 28:28,29).

다섯째, 그들의 "피"를 티끌처럼 쏟아지게 하셨고 그들의 "살"을 똥같이 쏟아지도록 하셨다(17절 b). 제2차 세계대전 당시 나치 독일은 남녀노소를 막론하고 유대인들을 총살했고 산 채로 매장했으며 삽과 개머리판으로 때렸다. 그야

말로 피와 살이 쏟아지고 흩어지는 등 차마 입에 담지 못할 살상이 유대인들을 향해 대대적으로 가해진 것이다. 이런 진노의 심판으로부터 그들을 구해 줄 수 있는 것은 아무것도 없었다(18절, 겔 7:19). 하나님께서 유대인들을 심판하시기로 작정하신 이상, 진노의 날에 그들을 삼키고 제거하는 질투의 불에서 그들을 구할 수 있는 것은 아무것도 없는 것이다.

주의 날의 특징(1장)

중요한 것은 유대인들을 향한 "하나님의 심판"이 아직 끝나지 않았다는 점이다. 제2차 세계대전 당시의 "홀로코스트"(Holocaust)는 장난처럼 여겨질 만큼의 "극심한 진노의 심판"이 전무후무한 대환란 기간에 "적그리스도"를 통해 내려질 것이다. 이에 선지자 "스파냐"는 "그날"에 있을 심판을 "주의 날"로 묘사하고 있다. 『주 **하나님**의 면전에서 잠잠하라. 이는 **주**의 날이 가까움이요, 이는 **주**가 한 희생을 예비하고 그가 그의 손님들을 청하였음이라』(습 1:7).

성경에서 "주의 날"은 "역사적인 적용"과 "교리적인 적용," 크게 두 가지로 적용된다. 우선 "역사적인 적용"을 보면, "과거 역사 속에서" 이스라엘과 이방 나라들 위에 내려진 하나님의 진노의 심판에 적용된다. 즉 앗시리아를 통해 북왕국 이스라엘의 열 지파를 심판하시는 날(B.C. 721년), 바빌론의 느부캇넷살을 통해 남왕국 유다를 심판하시고 예루살렘을 파괴하시는 날(B.C. 606년), 유다를 멸망시킨 바빌론을 페르시아를 통해 심판하시고 파괴하시는 날 등 범죄한 이스라엘에 대한 징계와 심판 그리고 그 징계의 도구로 사용된 이방 민족들에 대한 심판에 적용되는 것이다. 이 각각의 역사적인 사건들은 미래의 "주의 날"에 있을 일들을 예표하기도 한다.

킹제임스성경신학교는 피터 럭크만 박사가 미국 플로리다주 펜사콜라시에 설립한 Pensacola Bible Institute (PBI)에 기반을 두고 있습니다. 미국 Pensacola Bible Institute는 1965년 9월 개강한 이래로 지금까지 미국 내 정통 신학 교육의 요람으로서, 미국 내 유수한 근본주의 침례교 신학교들을 압도하고 성경대로 믿는 그리스도인들의 산실이 되고 있습니다. 자유주의와 현대주의를 배격하는 가운데 정통 교리의 수준 높은 신학 교육은 물론이요, 능력 있는 설교자 양성을 위한 강도 높은 훈련으로도 단연 으뜸입니다. 이처럼 본 신학교도 1991년에 세워진 이래로 이 땅에 바른 성경적 지식을 정착하고 신실한 하나님의 일꾼을 양성하는 데 총력을 기울여 오고 있습니다.

기존 신학교는 하나님의 말씀보다는 교단 신학과 학문으로서의 신학에 중점을 두어 가르치고 있습니다. 또한 편협한 교단 교리에 하나님의 말씀을 억지로 끼워 맞춰 가르치고 있기 때문에 이제는 하나님의 말씀에 근거한 신학을 제대로 가르치는 곳이 절대적으로 필요합니다. 이런 절실한 필요에 의해 본 신학교는 모든 교과 과정을 교단 신학이 아닌 하나님의 말씀으로 채움으로써 하나님의 말씀에 대한 올바른 지식을 터득할 수 있도록 구성하고 있습니다. 이렇게 구성된 모든 교과 과정은 성경 각 책에 대한 깊이 있는 수업과 설교의 실전 연습, 제반 목회 생활에 관한 실제적인 수업들로 이루어져 있으며, 무엇보다도 균형 있고 올바른 성경적 지식으로 무장할 수 있는 많은 수업들이 제공되고 있습니다.

킹제임스성경신학교는 설교자와 목회자, 성경 교사, 선교사를 양성하기 위한 곳으로, 3년의 모든 과정을 착실히 이수한 모든 학생들이 각자 하나님의 부르심에 따라 언제 어디서나 전담 사역자로서 사역할 수 있도록 양육받을 수 있는 국내 유일의 온·오프라인 정통 신학교입니다.

입학요강

	신학사(B.D.)	킹제임스성경신학원 신학석사(Th.M.)
수업연한	3년 (6학기)	2년 (4학기)
자 격	• 거듭난 그리스도인으로서 하나님께 쓰임받기 원하는 사람 • 고등학교 졸업자 및 졸업 예정자 또는 동등 이상의 학력이 인정되는 자(연령 제한 없음)	• 본교를 졸업한 신학사 학위 소지자로서 진리의 지식으로 효과적인 사역을 이루려는 분
선 발	서류전형(입학원서, 구원간증, 자기 소개서), 면접(서류 전형 합격자에게 개별 통보)	
학사일정	오프라인 봄 학기 매년 3월초 가을 학기 9월초 개강(총 16주) 월,화,목,금(오후 6:30 – 9:20) 온 라 인 수시접수 가능(한 학기 총 16주 / 100% 동영상 강의)	한 학기당 16주 과정 (화요일 오후 6:30 – 9:20)
원서교부	킹제임스성경신학교 교무처 / 인터넷 접수	

킹제임스성경신학교학장
10122 경기도 김포시 고촌읍 장곡로 39
전화 (02) 2665-3303, 팩스 (02) 2665-3302

다음으로 "교리적인 적용"을 보면, 미래의 대환란과 그때의 심판, 예수 그리스도의 재림과 그때의 심판(아마겟돈 전쟁, 이방 민족들의 심판), 천년왕국과 그리스도의 통치, 천년왕국이 끝난 후 우주가 불로 소멸되는 심판과 백보좌 심판까지의 전 기간과 사건들에 적용된다.

기본적으로 "주의 날"은 매우 "부정적인 의미의 날"이다. 그날은 "진노와 심판의 날이고 멸망과 울부짖는 날"이기 때문이다. "주의 희생의 날"(7-10절)이고, "애곡하는 날"(10,11절)이며, "주의 큰 날"(14절)이다. "진노의 날"이고 "고난과 고통의 날"이며, "황폐와 황량의 날," "어두움과 침침함의 날," "구름과 짙은 흑암의 날," "나팔과 경고의 날"이다(15,16,18절). "주의 분노의 날"(2:2,3)이고 "주께서 민족들을 먹이로 삼는 날"(3:8)이다. 이렇듯 주의 날은 기본적으로 심판의 날이다. 일차적으로는 아모스 1장에서 "유대인들을 향한 심판의 날"이지만, 이 날에는 유대인뿐만 아니라 그들을 대적하고 박해하고 괴롭혔던 이방인들도 심판을 받는다.

■ 새롭게 깨달았거나 적용할 내용이 있다면 적어 보세요. ■

NOTES

제2과

"모슬렘"들을 향한 하나님의 심판(2장)

『**주**가 그들에게 두렵게 되리니, 이는 그가 세상의 모든 신들을 굶겨 죽이실 것임이요, 사람들은 각자 자기 처소, 곧 이방의 모든 섬들에서부터 주를 경배하리라』(습 2:11).

심판에 앞서 주께로 돌이키라

스파냐 1장은 하나님의 백성 이스라엘의 심판에 관한 경고인 반면, 2장은 그들에게 "함께 모이라"는 촉구, 곧 그들에게 민족적으로 회개하라는 명령으로 시작한다(1-3절). 그리고 4-15절에 이르기까지는 타락한 주의 백성을 징계할 목적으로 사용된 이방 민족들(오늘날의 모슬렘들)에 대한 심판으로 그 초점을 옮기시는데, 그 심판이 어찌나 강력한지 사람이 살지 못하는 광야와 동물들의 처소가 될 것이라고 경고하신다. 이들은 이스라엘을 심판하는 도구로 사용되었으나, 도리어 그들은 교만으로 인해 하나님의 심판 앞에 놓이게 된다. 일례로 한때 좌우도 분간하지 못하던 십이만 명 이상의 니느웨 사람들이 선지자 요나를 통해 선포된 하나님의 경고로, 죄에서 돌이킴으로써 하나님의 진노를 면하게 되었다(욘 4:11). 하지만 그들은 자만 가운데 기뻐하며 교만 가운데 심판을 받게 된다(15절). 하나님께서는 누구든 자신의 악한 길들을 버리고 겸손히 주를 찾기를 바라실 뿐, 그들의 멸망을 원치 않으신다. 『**악인이 죽는 것을 내가 어찌 조금이라도 기뻐하겠느냐? 주 하나님이 말하노라. 그가 자기 행실에서 돌이켜 사는 것을 기뻐하지 아니하겠느냐?**』(겔 18:23) 오래 참으시고, 노하기를 더디 하시는 하나님께서는 심판에 앞서 경고를 발하시며, 죄인들이 주께로 돌이키기를 기다리신다. 이것이 죄인들을 향한 하나님의 크신 자비요, 은혜이다. 이 시대에도 하나님께서는 모든 사람이 구원을 받고 진리의 지식에 이르기를 원하고 계신다(딤전 2:4).

이스라엘의 회개를 촉구하시는 하나님

1. 수치를 모르는 민족, 이스라엘(1절)

스파냐 2장은 "수치를 모르는 민족"(Nation not desired)을 향해 "함께 모이라"는 명령으로 시작하는데, 그렇다면 이 민족은 도대체 어떤 민족인가? 본문 1절에서 말씀하시는 "민족"(Nation)은 단수(singular)로서 한 민족 곧, 이스라엘을 언급하는 것으로, 결코 복수로서의 연합민족(United Nations)을 뜻하지 않는다. 이스라엘은 주께서 택하신 "주의 백성"이요(왕상 3:8), 하나님께서 가까이 하시는 "위대한 민족"이다(신 4:7). 그러나 그들은 하나님의 법을 버린 채, 하나님을 "바라지 않는" 민족이 되었고, 하나님의 은혜와 자비를 바라지 않는 민족이 되었으며, 회개하고 개혁할 마음이 없는 민족이 되었다. 그런 그들을 누가 거들떠보기라도 하겠는가! 그들은 아무도 "바라지 않는"(not desire) 그런 민족이 되었다. 『**"네가 더 이상 다시는 그것을 보지 않으리라."고 한 그 길을 따라 주께서 너를 다시 배에 태워 이집트로 데려가시리니 거기서 너희가 남자 노예들과 여자 노예들로 너희 원수들에게 팔릴 것이나 너희를 살 자가 없으리라**』(신 28:68). 이스라엘은 지난 2,000년간 하나님으로부터 버림을 받았는데, 신구약 전체에서도 이를 증명하고 있다. 이사야는 『**보라, 너희는 너희의 죄악들 때문에 스스로 팔았고, 너희 어미는 너희의 허물들 때문에 내보내졌느니라.**』(사 50:1)라고 했으며, 예수님께서도 『**하나님의 나라를 너희에게서 빼앗아 그 소출을 가져올 민족에게 주리라.**』(마 21:43)라고 예언하셨다. 바울 또한 『**그들[이스라엘]에게 임한 진노가 극에 달하였음이니라.**』(살전 2:16)라고 말씀한다. 그런데도 그들을 향한 하나님의 진노는 결코 "영원한 마침표"가 아니다. 그들은 2,000년간 "잠시"(벧후 3:8) 하나님의 저주 아래에 들어간 것뿐이다.

2. 함께 모이라(2절)

스파냐는 이스라엘에게 "주의 분노의 날이 임하기 전에" 모이라고 명령한다(2절). "함께 모이라"는 이 명령은 ❶ 과거 "에스라"와 "느헤미야" 때에 있었던 이스라엘의 "**회개를 위한 부르심**"과 같은 것이다. 당시 바벨론 포로였던 이스라엘은 실제 예루살렘으로 돌아왔을 뿐 아니라, 금식과 애통으로 마음을 찢으며 영적으로도 그들의 하나님께로 돌이켰다(스 10:7, 느 9:1). ❷ "요시야"의 때에도 하나님께서는 므낫세의 죄악으로 인해 유다를 끝장내려 하셨지만, 백성들을 주님께로 돌이키게 하고, 이스라엘을 부흥으로 이끈 요시야로 인해 하나님께서는 그들을 향한 심판을 유예하셨다(왕하 22:15-20, cf. 왕하 23:24-27). ❸ 악한 왕 "아합"조차 하나님 앞에 스스로 겸손해졌을 때, 하나님으로부터 자비를 얻었다(왕상 21:27-29). 이렇듯 하나님의 심판이 이르기 전에 겸손함으로 주께로 돌이킨다면, 누구나 용서하신다는 것을 역사가 증명하고 있다.

"함께 모이라"는 명령은 재림을 앞둔 이스라엘에게 주어진 명령으로 "법령이 시행되기 전," 곧 하나님께서 작정하신 일을 이루시기 전에, 주의 분노로 쭉정이처럼 불로 세상을 태우시기 전에 주께로 돌이키라는 것이다(합 3:12, 사 5:24; 29:5). 선지자 요엘도 주께서 재림하시는 때인 장막절에 이스라엘이 함께 모이게 될 것을 예언하고 있다(욜 1:14; 2:15,16).

3. 지상의 모든 온유한 자들에게 주어진 명령(3절)

본문 3절에서 스파냐는 이스라엘에게 "주"를 찾고, "의"를 찾고, "온유"를 찾으라며, 세 번에 걸쳐 "찾으라"(seek)는 명령을 내린다. 그런데 이 명령은 주님의 재림과 관련되는데, 그것은 "의"와 "온유"에 관한 부분이 산상설교의 그것과

연결되기 때문이다. 『**온유한 자들은 복이 있나니, 그들이 땅을 유업으로 받을 것임이요, 의에 굶주리고 목마른 자들은 복이 있나니, 그들이 배부를 것임이요**』(마 5:5,6). 마태복음 5장은 결코 신약교회를 위한 하나님의 구원 계획도 아니며, 오직 왕국을 기다리는 유대인들을 위한 것이기 때문이다(cf. 시 76편). 산상설교는 메시아를 기다리는 유대인들을 대상으로 선포된 왕국의 헌법이었지만, 초림 당시 그들의 거부로 인해 그것은 재림 때 다시 실행될 것이다.

이방 민족들을 향한 심판의 경고

본문 4절부터는 그 초점이 이스라엘에서 이방 민족들로 옮겨진다. 4절 이후로 등장하는 나라들은 ❶ 필리스티아(4-7절)와 ❷ 모압과 암몬(8-11절), 그리고 ❸ 에디오피아(12절)와 ❹ 앗시리아와 니느웨(13-15절)이다. 유다와 관련하여 명명된 이들 나라들은 각각 유다의 서쪽, 동쪽, 남쪽 및 북쪽에 위치해 있다. 또한 이들 민족들의 죄악과 심판에 관해서는 "아모스 1,2장"과 "나훔 2,3장"에서도 살펴볼 수 있다. 무엇보다 특이한 점은 이들 모두가 "함족"이라는 사실이다. 특히 4절의 성읍들은 역사적으로 필리스티아의 성읍에 속한 곳이다. 『**필리스티아인들이 주께 속건제로 드린 금 종기들은 이러하니, 아스돗을 위하여 하나, 가자를 위하여 하나, 아스클론을 위하여 하나, 가드를 위하여 하나, 에크론을 위하여 하나더라**』(삼상 6:17, cf. 수 13:3).

1. "필리스티아"에 대한 경고(4-7절)

1) **가자, 아스클론, 아스돗, 에크론** - 본문 4절에서 말씀하시는 "가자"에 대한 심판의 근거는 그들이 『**포로 전체를 사로잡아 에돔에 넘겼**』던 죄악 때문이

다(암 1:6). 특히 아모스 1:7,8에서 "**가자**"에 대한 심판과 함께, "**아스글론**"과 "**아스돗**," 그리고 "**에그론**"의 거민들이 함께 언급되고 있다. 필리스티아의 성읍인 이들 네 성읍은 남쪽에서 북쪽 순으로 위치해 있는데(수 13:3), 처음 세 성읍, 즉 가자와 아스글론과 아스돗은 해안가에 위치해 있고, 에그론은 좀 더 내륙으로 위치해 있다.

"가자"는 오늘날 "이스라엘"과 "팔레스타인"과 관련해서 뉴스에 종종 언급되는 그 "가자 지구"(Gaza Strip)이다. 따라서 본문은 이 지역에 있는 "모슬렘"을 하나님께서 앞으로 어떻게 다루실지에 대한 "예언적 언급"인 셈이다. 이곳은 하나님께서 "아브라함과 이삭과 야곱"의 후손들에게 주신 약속의 땅이지, 결코 "이스마엘"이나 "에서"에게 주시지 않았다. 더욱이 하나님께서는 현재의 팔레스타인과 모슬렘, 그리고 로마카톨릭과 그 어떤 교회에게도 그 땅의 1인치라도 허용하신 적이 없으시다.

2) **해변의 거민 크렛인들** - 본문 5절의 민족은 유다 남부지역에 살던 필리스티아인들로(삼상 30:13-16), 함의 후손이다(함 → 미스라임 → 카슬루힘 → 필리스티아, 창 10:6,13,14). 『**내가 내 손을 필리스티아인들 위에 펴고 또 내가 크렛인들을 끊고 해안의 남은 자를 멸하리라**』(겔 25:16).

3) **이스라엘의 회복에 관한 메시지(1)** - 스파냐는 본문 6,7절을 통해 이스라엘의 회복을 예언하고 있지만, 오늘날 모슬렘과 로마카톨릭은 결코 이 사실을 받아들이지 않는다. 심지어 유대인들조차도 "메시야가 오셔서 1948년에 시작된 재건을 완성하실 것"이라는 기대를 버린 지 오래다. 그렇지만 이 예언은 구약 전반에 걸쳐 예언된 것으로, 반드시 이루어질 약속이다(신 30:3, 시 85:1, 렘 29:14, 겔 16:53, 욜 3:1, 암 9:14, 슾 3:20). 이스라엘이 지금은 비록 영적 소경이지만, 예수 그리스도께서 재림하시는 그 날에 반드시 물리적으로나 영적

으로 모두 회복될 것을 약속하고 계신다.

『형제들아, 너희가 스스로 지혜 있는 체하지 않게 하기 위하여 이 신비를 너희가 모르기를 내가 원치 아니하노니 이는 이방인들의 충만함이 차기까지는 이스라엘의 일부가 완고하게 된 것이라. 그리하여 온 이스라엘이 구원을 받으리라. 기록된 바 "구원자가 시온에서 와서 야곱에게서 경건치 아니한 것을 제거하리라. 이는 내가 그들의 죄들을 없앨 때 그들에 대한 나의 언약이 이것임이니라." 함과 같으니라』(롬 11:25-27).

2. "모압과 암몬"에 대한 경고(8-11절)

모압과 암몬은 아브라함의 조카 롯과 그의 두 딸과의 근친상간으로 태어난 민족이다. 주목할 점은 모압과 암몬 모두 함의 피가 섞여 있다는 것이다. 롯의 아내는 이집트(혹은 소돔) 출신으로 함족이다(창 11:31; 13:1,14; 19:15). 그러므로 롯의 두 딸도 함의 피가 섞여 있는 것이다. 이스마엘의 어머니 하갈도 이집트 출신으로 함족이다(창 16:3,11). 에서(에돔) 또한 "헷의 딸들"(창 27:46, cf. 창 10:15)을 아내로 삼았다. 이처럼 그 후손들의 피에는 함의 피가 흐르고 있는 것이다.

오늘날 "아라비아"(이스마엘)와 "요르단"(모압, 암몬, 에돔) 지역은 100% 모슬렘이 차지하고 있다. 에디오피아도 지금의 추세대로라면 그렇게 될 가능성이 크다. 그러므로 스파냐 2장에서 나타난 이방 민족을 향한 심판의 경고는 이슬람 국가들에 향한 것임이 명백하다. 이들 국가는 역사적으로나 종교적으로 이스라엘과 그리스도인들에게 늘 대적(大敵) 관계였고, 그들이 따르는 종교는 "반유대주의(anti-Semitic)"이다.

1) **"모압과 암몬"의 죄과들에 따른 심판** - 본문 9절은 "주의 진노의 날"에 "모압"과 "암몬"에게 있을 심판에 관한 경고의 말씀이다. 요단 동편에 거하는 그들은 하나님의 백성을 벌하는 "회개의 도구"였다. 그런 그들이 오히려 교만함 가운데 주의 백성을 대적하며, 비방과 욕설로 자신을 높이고 있다(8,10절). 비록 선지자 아모스가 "모압의 죄과들"(암 2:1)와 "암몬의 죄과들"(암 1:13)에 대해 서너 가지를 지적하고 있지만, 그들에 대한 심판은 결국 하나님께서 싫어하시는 교만에서 비롯된 것임을 선지자 이사야와 예레미야도 지적하고 있다(렘 48:29, 사 16:6). 『**주를 두려워하는 것은 악을 미워하는 것이라. 나는 교만과 오만, 악한 행실, 완고한 입을 미워하느니라**』(잠 8:13). 결국 그들은 자신들의 교만으로 인해 약탈과 영속적인 폐허가 되고(9절), 그들의 신들조차 굶주리게 된다(11절). 이것은 하나님께서 그들의 신들에게 바칠 모든 소산을 끊어버리시겠다는 뜻으로, 굶주리게 된 그들은 결국 자기들의 신들을 버리고 이스라엘의 주 하나님께 경배하게 될 것이다(11절).

2) **이스라엘의 회복에 관한 메시지(2)** - 『**내 백성**』(8,9절)이라는 표현은 땅(유업)과 관련된 "유대인"을 지칭하는 말이다. 그들은 할례를 받고, 수염을 기르며, 성전에서 경배하고, 안식일을 지키는 유대인들이다. 그러므로 성경에서 말씀하시는 『**내 백성**』이 오늘날의 기독교인들이 되려면, 하나님께서 그들을 영원히 버리실 때만 가능한 일이다. 그런데도 오늘날 미국과 UN은 성경의 예언들을 거스르는 시도를 자행하고 있다.

1921년 4월 "처칠"(Churchill)은 오늘날 "요르단"(Jordan)으로 불리는 "트랜스요르단" 지역을 만들었고, 결국 르우벤과 갓, 그리고 므낫세 반 지파에게 속했던 이스라엘의 땅을 "마호메트"에게 줘 버렸다. 그러자 하나님께서 일본을 불러들여 대영제국에 속한 말레이시아와 싱가포르 그리고 보르네오를 빼앗으셨고, 간디를 보내어 인도를, 그리고 공산주의자들을 불러들여 남아프리카의 로디지아 공화국을 빼앗아 버렸다. 결국 처칠은 대영제국을 몰락으로 이끈 당

사자가 되고 말았다. 하나님께서 아브라함에게 하신 『**너를 축복하는 자들에게 내가 복을 주고 너를 저주하는 자를 저주하리라.**』(창 12:3)라는 약속이 이루어진 것이다. 이 약속은 결코 "이스마엘"이나 "에서", 그리고 그 어떤 "모슬렘"들과 상관이 없다(민 24:5-9). 따라서 〈킹제임스성경〉을 출간한 나라일지라도 하나님께서 그와 같은 일을 행하셨는데, 미국(부시대통령)이 "가자 지구"와 "웨스트뱅크" 지역에서 유대인들을 쫓아냈다면 과연 그 나라에 어떤 일이 벌어질지 한번 상상해 보라. 누가 어떤 짓을 하더라도 하나님께서는 반드시 유대인들을 그들의 사로잡힘에서 풀어 주실 것이며, 반대로 미국(United States)과 이방연합(United Nations)은 심판을 위해 모으실 것이다(3:8).

3) <u>주를 경배하는 이방인들</u> - 성경은 이스라엘이 모세와 여호수아가 민수기와 여호수아에서 정복한 지역뿐 아니라, 나일강에서 유프라테스강에 이르는 모든 지역까지 차지할 것을 약속하셨다(창 15:18). 비록 사무엘상에 이르기까지 이스라엘이 차지하지 못했던 땅이었지만, 다윗의 때에 『**그의 경계를 회복하려고 유프라테스 강에 갔**』(삼하 8:3)음을 상기해야 한다. 대환란 이후 이스라엘은 팔레스타인뿐 아니라, 북부 이집트와 시나이반도, 시리아와 이라크, 그리고 요르단 전 지역의 땅들을 차지할 것이다. 또한 주께서 재림하시는 경로를 따라 통과하는 지역의 남은 이방인들도 주께 나아와 경배할 것이다. 『**예루살렘을 치러 온 모든 민족들 가운데서 남아 있는 자도 각기 그 왕, 만군의 주께 경배하러, 또 장막절을 지키려고 해마다 올라올 것이라**』(슥 14:16, cf. 말 1:11, 사 2:2,3, 시 2:12; 72:9).

3. "에디오피아"에 대한 경고(12절)

이들은 함의 후손 중 하나인 "쿠스"에게서 나온 자들이다(창 10:6). 마지막 황제 "하일레 셀라시"(Haile Selassie)가 다스리던 때에 에디오피아는 유대인 개

종자들에게 큰 자유를 주었지만, 오늘날은 거의 모슬렘들로 채워지고 있다. 특히 11절의 "칼"은 하나님의 입에서 나오는 그분의 말씀이다(히 4:12, 계 19:15).

4. "앗시리아(니느웨)"에 대한 경고(13-15절)

주목할 것은 13절의 앗시리아(니느웨)가 12절의 에디오피아인들과 연결되고 있다는 점이다. 비록 셈의 후손 "앗수르"(창 10:22)가 니느웨를 세웠을지라도(창 10:11), 그가 쿠스의 아들 님롯(창 10:8)이 세운 "시날" 땅에서 나가 세운 그 성읍은 결국 우상 숭배로 특징지어진다. 결국 최초의 성읍 앗시리아는 재림 때에 심판받게 될 앗시리아에 대한 그림이다.

『앗시리아인이 우리 땅에 올 때 이 사람은 화평이 될 것이요, 그가 우리의 궁들을 밟으면 우리가 그를 대적하여 일곱 목자와 여덟 귀인을 일으키리라. 그들이 칼로 앗시리아 땅을 황폐케 하겠고 님롯의 땅을 그 입구에서 황폐케 하리라. 앗시리아인이 우리 땅에 들어와서 우리의 경계 내를 밟으면 그가 우리를 앗시리아인으로부터 이같이 구원하시리라』(미 5:5,6).

1) **"큰 창녀"의 심판으로 연결되는 "니느웨"의 심판** - 13절 후반부터 15절에 이르는 심판은 앗시리아의 수도 "니느웨"에 관한 것으로, 이곳은 짐승들과 불결한 새들(레 11:17, cf. 사 14:23; 34:11)이 노니는 황량한 곳이 된다. 니느웨의 심판의 모습은 바벨론에 행해진 심판과 유사하다. **『왕국들의 영광이며 칼데아인들의 뛰어남의 아름다움인 바벨론은 하나님께서 멸망시켰을 때의 소돔과 고모라같이 되리라. 그곳에 사람이 살지 못할 것이며 대대로 거하지도 못하리니... 그 대신 사막의 들짐승들이 거기에 엎드리며, 그들의 집들에는 울부짖는**

짐승들로 가득 찰 것이요, 또 올빼미들이 거기에 살며 사티로스가 거기서 춤을 추리라』(사 13:19-21). 또한 14절에서 언급되는 새들은 불결한 영들과 관련된 것으로(막 4:4,15), 최종적으로 대환란에 있을 큰 창녀의 심판과 연결된다. 『**큰 바빌론이 무너졌도다, 무너졌도다, 마귀들의 거처가 되었고 온갖 더러운 영의 소굴이요, 모든 더럽고 가증한 새의 소굴이로다**』(계 18:2).

앗시리아는 오늘날 이라크 북부와 시리아, 레바논, 그리고 터키에 해당한다. 이들 모두가 100% 모슬렘이다. 따라서 4절부터 15절까지에 이르는 심판은 결국 마호메트와 코란을 따르는 모슬렘 국가들을 겨냥하고 있다.

2) **"앗시리아"(니느웨)의 죄악과 멸망** - 15절에서 니느웨는 『**나만 있고 나 외에는 아무도 없다**』는 "천상천하 유아독존"을 외치며, 하나님의 자비도 잊은 채 자만으로 기뻐하는 성읍이 되어 자신을 하나님처럼 높이고 있다(cf. 욥 41:34). 『**이제 너희가 너희의 자만 가운데 기뻐하고 있으니 그러한 기쁨은 다 악하니라**』(약 4:16). 이로 인해 성읍은 결국 황량하게 되어 지나가는 자마다 손을 흔드는 조롱거리가 된다. 나훔 선지자 또한 니느웨의 죄악과 심판에 관해 자세히 언급하고 있다. 그 성읍은 "피 흘리는 성읍"이요, "잘생긴 창녀"이며, "마법들의 여주인"이기에, ❶ 거짓말과 강도짓이 가득하며 약탈이 떠나지 않았고, ❷ 그녀의 음행으로 민족들을 팔았으며, ❸ 그녀의 마법들로 가족들을 팔았다(나 3:1-4). 이 모든 것으로 인해 니느웨는 비어 있고, 공허하고, 황폐하게 되었으며, 마음이 녹아내리고, 무릎이 서로 부딪치며, 모든 허리에 심한 통증이 있으며, 그들의 얼굴은 모두 다 검게 된다(나 2:10). 『**오 앗시리아 왕아, 네 목자들은 잠자고 네 귀족들은 티끌 속에 거하리로다. 네 백성은 산에 흩어져 있으나 그들을 모을 사람이 없도다**』(나 3:18). 타락한 예루살렘을 향한 하나님의

심판이 행해질 때, 『**지나가는 자는 모두 네게 손뼉을 치며 예루살렘의 딸에게 야유하고 머리를 흔들며 말하기를 "이것이 '아름다움의 완성'이요, '온 세상의 기쁨'이라고 사람들이 부르던 성읍이냐?" 하며**』(애 2:15) 조롱했듯, 재림하시는 그날에 바빌론과 니느웨가 예루살렘에게 했던 그 야유를 고스란히 받게 될 것이다. 『**네 상한 곳은 고칠 수 없고 네 상처는 심하도다. 네 소문을 들은 자들은 다 너를 향하여 손뼉을 치리니 네 사악함이 계속해서 닿지 않은 자가 누구랴?**』(나 3:19)

■ 새롭게 깨달았거나 적용할 내용이 있다면 적어 보세요. ■

NOTES

NOTES

제3과

재림과 천년왕국에 관한 예언들(3장)

『네 가운데 계신 **주** 너의 하나님은 능력이 있으시니 그가 *너를* 구원하실 것이요, 그가 기쁨으로 너를 즐거워하시리라. 그는 그의 사랑 가운데 안식하실 것이요, 그는 노래로 너를 기뻐하시리로다』(습 3:17)

이스라엘의 회복

1장에서 이스라엘에 임할 심판을 경고하시고, 2장에서 민족들에게 임할 심판을 경고하신 하나님께서는 3장에서 이스라엘의 회복과 예수 그리스도의 재림과 천년왕국에 관하여 예언하신다.

이스라엘은 여전히 패역한 상태에서 벗어나지 못하고 있기에 재림에 앞서 그들의 패역함에 대한 경고를 한 번 더 말씀하시지만, 결국 이스라엘은 그 수치가 제거되고 남은 자들에 의해 위대한 민족의 국가로 새롭게 세워질 것이다.

이스라엘의 민족적인 회복과 재림은 선지서의 일관된 주제이며, 결코 피할 수 없는 진리이다. 하나님께서는 아브라함의 씨에 대한 약속을 철회하신 적이 없다. 이스라엘은 반드시 회복될 것이며, 모든 민족 위에 우뚝 서게 될 것이다.

패역한 이스라엘의 실상(1-5절)

1. 악을 행하는 이스라엘

『더럽고 오염되고 억압하는 성읍에 화 있으리라! 그녀는 그 음성에 복종하지 아니하며, 교훈을 받지 아니하고, **주**를 신뢰하지 아니하며, 그녀의 하나님께 다가서지 아니하였도다』(습 3:1,2).

『너희 각인은 자기 눈의 가증함들을 내어 버리고, 이집트의 우상들로 더불어 너희 자신들을 더럽히지 말라.』(겔 20:7)라는 경고가 이집트를 떠나오는 날부터 주로부터 거듭 거듭 내려졌으나, 이스라엘은 그 명령에 경청하지도 않았고, 이집트의 우상들은 물론, 그들의 가증한 것들을 내어 버리지도 않았으며, 하나님과 그들 사이에 표적으로 주신 안식일까지도 크게 더럽혔다(겔 20장).

이 패역함에 앞장선 것은 무지한 백성들이 아니라 백성들을 다스리고, 가르쳐서 하나님을 따르게 해야 하는 위치에 있는 자들이었으니 고관들과 재판관들과 선지자들과 제사장들이었다. 권력을 쥐고 있는 고관들과 재판관들은 부정한 방법들을 동원해 가며 백성들의 고혈을 빨아 먹었다(겔 22:6,27). 그들은 또 법을 어기며 자신들의 목적을 이루었고, 선지자들과 제사장들은 "경건과 종교심"으로 가장하고 하나님의 이름을 도용하며 악을 행해 왔다.

더 나아가 그들은 간음을 행하고, 거짓말들로 행하였으며, 악을 행하는 자들의 편에 서고, 자기들의 악에서 돌이키지 않았다. 하나님의 말씀이 아닌 바알로 예언하여 주 앞에서 그릇되게 행하는 백성들의 자만을 부채질했으며, 하나님의 말씀을 전하는 것이 아니라 자신들이 원하는 것을 주의 말씀으로 둔갑시켰고, 하나님의 말씀들을 변질시켰으며, 백성들로 하여금 주의 이름을 잊게 만들었다(겔 22장, 렘 23장). **『예루살렘의 선지자들로부터 불경함이 온 땅으로 퍼져 나감이라』**(렘 23:15). **『강도떼들이 사람을 기다리는 것같이 제사장들의 무리가 하나 되어 길에서 살인하나니, 그들이 추잡한 짓을 행하는도다』**(호 6:9).

2. 수치를 모르는 불의한 백성

『의로우신 **주**께서 그 안에 계시니, 그는 죄악을 행하지 아니하시고 아침마다 자신의 공의를 빛으로 가져오시나니, 그는 실패가 없으시나 불의한 자는 수치를 알지 못하는도다』(습 3:5).

하나님께서는 이제 수치를 알지 못하는 그 백성을 심판하시기 위해 예루살렘 안에 계신다(5절). 이스라엘은 불의한 자로서 수치를 알지 못했다. 예레미야 선지자도 『**그러므로 소나기가 그쳤고 늦은 비도 없어졌도다. 네가 창녀의 이마를 가지고도 부끄러워하기를 거부하는도다.**』(렘 3:3)라고 말함으로써 이스라엘이 수치를 모르는 민족이 되었음을 개탄했다.

하박국 선지자는 이토록 패역한 이스라엘의 모습을 보며 『**오 주여 내가 얼마나 오래 부르짖어야 하며 주께서는 듣지 아니하시리이까! 내가 폭력으로 인하여 주께 부르짖으나 주께서는 구원하지 아니하시나이다. 어찌하여 주께서 내게 죄악을 보여 주시며 고통을 보게 하시나이까? 약탈과 폭력이 내 앞에 있고 싸움과 논쟁이 일어나고 있나이다. 그러므로 법이 느슨해지고 심판이 전혀 이행되지 못하나니 이는 악인이 의인을 에워싸고 있으므로 공의가 잘못 진행됨이니이다.**』(합 1:2-4)라고 부르짖었다. 이스라엘의 이런 모습은 과거로 끝난 것이 아니다. 본문의 상황들은 적그리스도가 통치하는 대환란 기간 동안 예루살렘에서 그대로 다시 재현될 것이다.

미국의 공립학교에서 성경이 사라진 것은 로마카톨릭 신자였던 J.F. 케네디의 명령 때문이었다. 대법원 판사들과 지방법원 판사들이 판결함으로써, 1962년에는 공립학교에서 기도를 버렸고, 1963년에는 성경을 버렸다. 1973년에는 임신기간 전체를 통해 낙태를 합법화했다.

1987년 9명의 늙은 대법관들은 공립학교에서 오직 하나의 기원 이론(진화론)만 가르칠 수 있다고 판결했다. 그들 대법관들 중 6명은 기독교인이라고 공언하는 자들이었지만, 사실 이들은 기독교인이 아닌 카톨릭 신자들이었다. 이러한 혼란에 대해 분명한 책임이 있는 또 하나의 무리가 바로 올바른 하나님의 말씀을 버리고 변개된 성경을 통해 세상과 친구가 된 기독교 대학과 신학교의 교수들이다.

민족들을 심판하심으로 이스라엘을 세우시고자 함(6,7절)

『내가 말하기를 "반드시 네가 나를 두려워할 것이요, 너는 교훈을 받으리라. 내가 그들을 벌하였을지라도 그들의 처소는 끊어지지 아니하리라." 하였으나, 그들은 일찍 일어나 그들의 모든 행위를 더럽혔도다』(습 3:7).

하나님께서는 이방 민족들을 심판하심으로써 그것을 보고 이스라엘 백성이 회심하게 되기를 바라셨으나 바로잡히지 않았다. 대환란 기간 동안 세상 나라들 위에 내려지는 극심한 심판을 목도하면서도 이스라엘의 회심은 이루어지지 않을 것이며, 대환란이 끝나고 천년왕국이 시작됨과 함께 이루어질 것이다. **『또 내가 능한 손과 편 팔과 진노를 부음으로써 그 백성으로부터 너희를 인도해 낼 것이며 너희가 흩어져 있는 나라들로부터 너희를 모으리라. 내가 너희를 백성의 광야로 데려오리니 내가 거기서 너희와 더불어 대면하여 변론하리라』** (겔 20:34-38).

미국에 관해서라면 주님께서는 60년 넘게 이 나라에 뭔가를 보여 주려고 노력해 오셨다. 주님께서는 세계에서 가장 위대한 나라가 콜로라도보다 작은 나라들과 두 번의 전쟁에서 지게 하셨으나 아무것도 배우지 못했다. 주님께서 그들의 금을 빼앗아 가셨으나 그들은 아무것도 배우지 못했다. 그들에게 성병과 치솟는 이혼율을 주셨고, 여성들이 남성들로부터 직장과 권력을 빼앗도록 내버려 두셨으나 그들은 아무것도 배우지 못했다. 그들은 현재 그들이 지고 있는 두 번의 전쟁에 휘말리게 되었으나 여전히 『그들은 일찍 일어나 그들의 모든 행위를 더럽혔도다』(7절).

재림과 천년왕국에 관한 예언들(8-20절)

1. 아마겟돈 전쟁

UN에 의해 소집된 적그리스도의 군대는 예수 그리스도의 재림 때 아마겟돈에 집결할 것이다. 그들은 2억의 기병대로서 하늘에서 내려오는 예수 그리스도의 군대와 맞서기 위해 집결한다. 주님께서는 순식간에 UN의 군대를 짓밟으실 것이고, 그들의 피가 말고삐들을 적시며 팔레스타인 땅 전체에 흐르게 하실 것이다(계 9:15-17, 16:12-16, 19:15-19).

성경은 1945년 UN이 설립되기 2,600년 전에 그들에게 무슨 일이 일어날지를 미리 경고하고 계신다. **그러나 노아의 날에 타락한 죄인들이 그랬던 것처럼 유엔도 그 경고를 무시할 것이다**.

『오 너희 백성들아, 단결하라. 그래도 너희가 산산이 부서지리라. 너희 먼 나라의 모든 사람아, 귀를 기울이라. 너희는 허리를 동이라. 그래도 너희가 산산이 부서지리라. 너희는 허리를 동이라. 그래도 너희가 산산이 부서지리라. 함께 의논하라. 그래도 아무것에도 이르지 못하리라. 말을 하라. 그래도 서지 못하리니 이는 하나님이 우리와 함께 계심이라』(사 8:9,10). 『너희 모든 이방들아, 모여서 오라. 다 함께 주위에 모이라. 오 **주**여, 주의 용사들로 그곳으로 내려오게 하소서. 이방으로 깨어서 여호사밧 골짜기로 올라오게 하라. 이는 내가 거기에 앉아서 주위의 모든 이방을 다 심판할 것임이로다』(욜 3:11,12). 『그분 앞에 모든 민족들은 아무것도 아닌 것 같고, 그 민족들이 그에게는 아무것도 아닌 것, 곧 헛것보다 못하게 여겨지느니라』(사 40:17).

2. 천년왕국의 백성(8절)

『**주**가 말하노라. 그러므로 너희는 내가 일어나서 먹이로 삼는 날까지 나를 기다리라. 이는 내 결심이 민족들을 모으는 것임이니 내가 왕국들을 모아서 그들 위에 내 분노, 곧 나의 모든 격노를 쏟으리라. 이는 온 땅이 내 질투의 불로 삼켜질 것임이라』(습 3:8).

주님께서 아마겟돈에서 2억의 유엔군을 전멸시키신 후 이방 민족의 남은 자들을 양과 염소로 구분하는 민족들의 심판을 행하실 것이다(마 25:31-46). 대환란 기간 동안 박해받는 유대인들을 선대한 사람들은 양으로 분류되어 왕국을 유업으로 받아 천년왕국의 백성이 된다.

3. 언어(9절)

『그때에 내가 백성에게 순수한 언어를 돌려주리니, 그들이 모두 **주**의 이름을 부르며 한마음으로 그를 섬길 것임이라』(습 3:9).

1) 예수 그리스도께서 통치하실 천년왕국에서는 순수한 언어인 히브리어가 만국 공용어로 주어질 것이다.

한 그리스도인이 성경이 사실이라는 "증거"를 제시해 보라는 요구를 받았을 때 그는 "유대인"이라고 대답했다. 에돔인, 모압인, 암몬인, 필리스티아인, 바빌론인, 앗시리아인, 칼데아인, 메데인, 페르시아인, 로마인까지 그들 모두가 인종적인 정체성을 잃고 사라졌지만 유대인은 집단 학살, 인종 청소, 게토, 추방, 종교적 박해를 지속적으로 받아오면서도 3,500년 이상 여전히 "유대인"으로 남아 있다. 마찬가지로 바빌론 언어, 이집트어, 그리스어, 라틴어가 몰락해 가고, 영어마저 고대영어, 중세영어, 현대영어로 구분될 만큼 변해 왔지만, 히브리어는 모세가 기록하고 사용했던 그 히브리어를 지금의 유대인들이 같은 히브리어로 사용하고 있다.

지금은 하나님께서 잃어버린 이방인들에게 들어가기 위해 다른 언어로 된 성경들을 사용하시지만, 유대인의 왕으로서 다윗의 보좌에 앉으실 때에는 헬라어나 영어나 한국어를 사용하지 않고 히브리어를 사용하실 것이다.

2) **예루살렘에 성전이 다시 세워지고, 성전 제사가 다시 드려질 것이며 모든 민족들이 주께 경배하기 위해 예루살렘으로 올라올 것이다**(겔 41-46, 슥 14:16-19). **『예루살렘을 치러 온 모든 민족들 가운데서 남아 있는 자도 각기 그 왕, 만군의 주께 경배하러, 또 장막절을 지키려고 해마다 올라올 것이라』**(슥 14:16).

4. 흑인 유대인들(10절)

『에디오피아의 강 건너편으로부터 나의 탄원자들, 곧 나의 흩어진 자의 딸이 나의 예물을 가져오리라』(습 3:10).

에디오피아 출신의 흑인 유대인들(베타 유대인)이 예물을 가져올 것이다. 이들이 가져오는 예물은 개인의 죄를 위한 제물이 아니라 민족적인 속죄를 위한 제물이다(시 68:31).

5. 이스라엘의 수치가 제거됨(11절)

『그 날에는 네가 나를 거슬러 범죄하였던 네 모든 행위에 대하여 수치를 당하지 아니하리니, 이는 그때에 내가 네 교만을 즐거워하는 자들을 네 가운데서 제하여 낼 것임이라. 그리하면 너는 내 거룩한 산으로 인하여 다시는 오만하게 되지 아니하리라』(습 3:11).

하나님을 향해 반역하게 만들었던 이스라엘의 자랑과 교만을 주께서 다루시고, 재림하셔서 그들을 회복시키신 후에는 더 이상 수치를 당하지 않게 하실 것이다(11절). **『이는 만군의 주의 날이 교만하고 거만한 모든 자들 위에와 자고한 자들 위에 임하여 그들을 낮추실 것임이니』**(사 2:12). **『두려워 말라. 네가 수치를 당하지 않으리라. 당황하지 말라. 네가 부끄러움에 처하지 않을 것이라. 네가 네 젊은 시절의 수치를 잊을 것이며, 네 과부 때의 치욕을 더 이상 기억하지 않을 것이라』**(사 54:4).

6. 남은 자들(12,13절)

『내가 또한 네 가운데 고통받고 가난한 백성을 남겨 두리니, 그들이 **주**의 이름을 신뢰하리라. 이스라엘의 남은 자는 죄악을 행치 아니할 것이요 거짓말도 아니하며, 그들의 입에서는 속이는 혀도 찾아볼 수 없으리니, 이는 그들이 먹으며 누울 것이나 아무도 그들을 두렵게 하지 못할 것임이라』(습 3:12,13).

대환란 기간 동안 짐승의 표를 받지 않은 "고통받고 가난한" 유대인들 10분의 1이 예루살렘 성전의 제단에서 희생 제물로 드려지고 사람 고기로 먹히게 될 것이다. **『그러나 그 안에 아직도 십분의 일이 있을 것이요 그것이 돌아와서 먹힐 것이니 잎이 떨어져 줄기가 남아 있는 보리수나무와 상수리나무처럼, 거룩한 씨도 그 줄기가 되리라." 하셨더라』**(사 6:13).

적그리스도로부터 도망친 유대인들은 에돔에 있는 셀라 페트라로 피해 숨을 것인데 하나님께서는 출애굽한 이스라엘을 광야에서 먹이셨던 것처럼 그들을 만나로 먹이실 것이다. 주님께서 돌아오시면 광야에 숨어 있는 유대인들을 구하고 순교한 자들을 부활시켜 예루살렘을 그들에게 넘겨줄 것이다. **『또 내가 저는 민족으로 남은 자가 되게 하며 쫓겨났던 민족으로 강한 민족이 되게 할**

것이요, 주가 이제부터 영원무궁토록 시온 산에서 그들을 치리하리라』(미 4:7). 『**또 내가 나의 영을 네 안에 두어 너희로 나의 규례대로 행하게 하리니 너희가 나의 명령을 준수하고 행하리라. 너희는 내가 너희 조상들에게 주었던 땅에서 거하리니 너희는 나의 백성이 되고 나는 너희 하나님이 되리라. 내가 또한 너희를 너희의 모든 더러움으로부터 구원할 것이며 또 내가 곡식을 가져와서 풍성케 하여 너희에게 기근을 두지 아니하리라**』(겔 36:27-29).

7. 기쁨의 노래(14-17절)

『오 시온의 딸아, 노래하라. 오 이스라엘아, 부르짖으라. 오 예루살렘의 딸아, 마음을 다하여 기뻐하고 즐거워하라... 네 가운데 계신 **주** 너의 하나님은 능력이 있으시니 그가 너를 구원하실 것이요, 그가 기쁨으로 너를 즐거워하시리라. 그는 그의 사랑 가운데 안식하실 것이요, 그는 노래로 너를 기뻐하시리로다』(습 3:14,17).

주께서 이스라엘을 대적하여 일어선 원수들을 쫓아내셨으며, 주께서 예루살렘에 세워진 다윗의 보좌에서 통치하신다. 그 성읍의 이름은 『**주께서 거기 계시다**』가 될 것이다. 『**그 사면의 규격이 일만 팔천이며 그 날로부터 그 성읍의 이름이 '주께서 거기 계시다.'가 될 것이라**』(겔 48:35). 『**주께서는 온 땅을 치리할 왕이 되시리니, 그 날에는 한 분 주께서 계실 것이며, 그의 이름 하나만 있으리라**』(슥 14:9).

이스라엘은 더 이상 악을 보지 못할 것이고 더 이상 두려워 할 이유가 없다. 『**그 안에 사람들이 거하리니, 더 이상의 파멸은 결코 없을 것이며, 예루살렘에는 안전하게 사람이 살리라**』(슥 14:11).

솔로몬의 노래에서 신랑이 신부를 자랑하듯 주님께서도 회복시키신 이스라엘을 노래하신다. 『**그러나 너희는 내가 창조하는 것으로 영원히 기뻐하고 즐거**

워하라. 보라, 내가 예루살렘을 즐거움으로 창조하고 그 백성을 기쁨으로 창조하노라. 내가 예루살렘을 즐거워하며 내 백성을 기뻐하리니 우는 소리와 부르짖는 소리가 그 가운데서 더 이상 들리지 아니하리라』(사 65:18,19).

8. 이스라엘의 민족적인 회복(18-20)

『그 때에 내가 너희를 다시 데려오고 그 때에 내가 너희를 모으리니, 이는 내가 너희 목전에서 너희의 사로잡힌 자를 돌이킬 때, 너희로 땅의 모든 백성 가운데서 명성과 찬사를 얻게 하려 함이라. **주**가 말하노라』(습 3:20).

하나님께서 이방 민족들 가운데 흩어져 있던 유대인들을 본토인 이스라엘 땅으로 다시 모으시는 역사는 1948년 그 땅에 이스라엘 국가가 세워지며 시작되었고, 그것은 대환란을 거쳐 예수 그리스도께서 통치하시는 천년왕국에까지 이어질 것이다. **『보라, 내 격노함과 내 분노와 큰 진노로 그들을 몰아내었던 모든 지역에서 그들을 모으리니 내가 그들을 이곳으로 다시 데려오고 그들로 안전하게 거하게 할 것이니라』**(렘 32:37).

이스라엘은 회심하지 않은 채 그들의 땅으로 돌아오게 되는데, 그리스도께서 오셔서 대환란의 극심한 고통 가운데 신음하는 그들을 구원하실 때 그들은 마침내 그분을 보고 십자가에 달리셨던 그분이 누구인지, 그들이 그분께 무슨 짓을 했는지 깨닫고 애통해할 것이며, 눈물을 흘리며 회개하게 될 것이다. **『또 내가 다윗의 집과 예루살렘의 거민들 위에 은혜와 간구의 영을 부어 주리라. 그러면 그들은 그들이 찔렀던 나를 쳐다볼 것이며 그들이 그를 위하여 애통하리니, 마치 어떤 사람이 자기 외아들을 위하여 애통함같이 할 것이요, 그들이 그를 위하여 비통에 잠기리니 마치 어떤 사람이 자기 첫아들을 위하여 비통에 잠기듯 하리라』**(슥 12:10).

국제연합의 결의안

국제연합은 이스라엘을 대적하여 "450개의 결의안"을 통과시켰다. 이것은 총회 등에서 의결한 이스라엘 관련 "전체 700개의 결의안" 중 450개로서 1945년 이래로 국제연합에 의해 통과된 결의안들 가운데 "절반 이상"에 해당한다. 그날에 이스라엘을 대적하였던 유엔의 190여 개의 국가들은 잿더미 위에 있을 것이다.

천년왕국에서 이방 민족들은 이스라엘을 섬기게 될 것이며, 그들이 예수 그리스도를 보기 위해서는 유대인을 거쳐야 한다. 『너를 섬기지 아니하는 민족과 나라는 멸망하리니 정녕, 그러한 민족들은 완전히 황폐하리라』(사 60:12). 『타국인들이 일어나 너희 양떼를 먹일 것이요, 외국인의 아들들이 너희의 경작자와 포도원 가꾸는 사람이 되리라. 그러나 너희는 주의 제사장들이라 불릴 것이요, 사람들이 너희를 우리 하나님의 일꾼들이라 부를 것이라. 너희가 이방인들의 재물을 먹을 것이며, 그들의 영광으로 너희가 너희 스스로를 자랑하리라』(사 61:5,6).

이스라엘은 땅의 모든 백성들 가운데서 명성과 찬사를 얻게 될 것이다. 『그들의 씨가 이방인들 가운데서, 그들의 후손이 백성 가운데서 알려질 것이요, 그들을 보는 모든 사람들은 그들이 주가 복 주신 씨인 것을 인정하리라』(사 61:9). 『이방인들이 네 의를, 모든 왕들이 네 영광을 볼 것이요, 너는 주의 입이 명명할 새 이름으로 불리리라. 너는 또한 주의 손에 영광의 면류관과 네 하나님의 손에 왕의 두건이 될 것이라. 네가 더 이상 버리운 자라 칭함받지 아니하겠고, 네 땅이 더 이상 황폐한 곳이라 칭함받지 아니하겠으나 너는 헵시바라, 네 땅은 뿔라라 불리리니 이는 주가 너를 기뻐하며 네 땅이 혼인하게 될 것임이라』(사 62:2-4).

NOTES

NOTES

제4과

국제연합(UN)이 멸망할 수밖에 없는 이유

『**주**가 말하노라. 그러므로 너희는 내가 일어나서 먹이로 삼는 날까지 나를 기다리라. 이는 내 결심이 민족들을 모으는 것임이니 내가 왕국들을 모아서 그들 위에 내 분노, 곧 나의 모든 격노를 쏟으리라. 이는 온 땅이 내 질투의 불로 삼켜질 것임이라』(습 3:8).

국제연합(UN)의 멸망

교회가 휴거된 이후 "환란 시대" 끝에 적그리스도의 명령으로 동원된 2억 명의 "유엔 평화 유지군"이 하나님을 대적하기 위해 "아마겟돈"으로 집결할 것이다. **『기병대의 수는 이억이니 내가 그들의 숫자를 들었노라』**(계 9:16). **『그가 그들을 히브리어로 아마겟돈이라고 하는 곳으로 모으더라』**(계 16:16). 이때 만왕의 왕이신 예수 그리스도께서 이방 민족의 군대를 향해 선전 포고하시면서 그들을 한 번에 몰살시키실 것이다. "스파냐"는 그 심판의 날을 가리켜 "주의 날"(습 1:7) 또는 "주의 희생의 날"(습 1:8)이라고 말씀한다. **『주 하나님의 면전에서 잠잠하라. 이는 주의 날이 가까움이요, 이는 주가 한 희생을 예비하고 그가 그의 손님들을 청하였음이라』**(습 1:7).

이 "희생"에 초대된 손님들은 "새들"이며, 아마겟돈에서 벌어질 "대살육"으로 "위대하신 하나님의 만찬"이 마련될 때, 그 손님들은 그곳에서 살육당한 악인들의 살을 먹을 것이다(계 19:17,18). **『어디든지 시체가 있는 곳에는 독수리도 함께 모이느니라』**(눅 17:37). 그렇게 "먹이로 삼을 그날"에 하나님께서는 민족들과 왕국들을 모아 그분의 분노와 격노를 그들 위에 쏟을 것인데(습 3:8), 유엔에 가입한 193개국의 이방 민족들을 하나로 묶어서 진멸시키시고 불로 태워 버리실 것이다(마 3:12). 이렇듯 "스파냐"는 주의 날에 벌어질 "유엔에 대한 가장 끔찍하고 가장 파괴적인 저주로 가득 찬 심판"에 관해 예언하고 있다.

국제연합(UN)에 화 있으리라!

1. 평화를 위한 마지막 희망(?) "국제연합"

제2차 세계대전이 끝났을 당시 "국제 사회"는 공멸할 수밖에 없는 전 세계적인 위기 속에서 전쟁 억제책으로 임시방편으로나마 "국제연합"을 설립했다. 그 목적은 "**전쟁을 방지하고 세계 평화를 유지해 보겠다는 것**"이었는데, 결국은 하나님을 신뢰하지 않고 진정한 왕이신 예수 그리스도 없이 인간들끼리 "지상 왕국"을 건설하겠다는 가증한 음모의 "결과물"이었다. 미국의 제33대 대통령 "해리 트루먼"은 "국제연합이 인류 역사상 최고의 평화 시대를 펼치기 위해 일하고 있다."라는 망언을 한 적이 있었는데(1950년), 실로 그것은 책임질 수도 없는 망발이었으니, 그에게는 "미래 역사"를 내다볼 수 있는 통찰력이 없었던 것이다. 이는 그가 차분하게 앉아서 "미리 기록된 역사책"인 "성경"의 예언을 유념해서 읽지 않았기 때문이다. 성경을 거부하거나 성경에 무지한 자는 존경받을 만한 가치가 전혀 없다!

소위 "**평화를 위한 마지막 희망**"이라 불리는 국제연합이 1945년에 창설된 이래로 전 세계에는 177회 이상의 무장 갈등이 끊이지 않았는데, 그중 12회는 굵직하고 중요한 전쟁이었고, 21회는 중간 규모의 전쟁이었으며, 23회는 반란, 16회는 권력을 찬탈하기 위한 전쟁, 36회는 정권 교체를 위한 내란, 24회는 군사력 개입이었다. 특히 "코소보 전쟁"(1998-1999년)은 국제연합의 한계를 보여 준 극명한 사례라 할 수 있는데, NATO(북대서양조약기구)의 공습이 말해 주듯이 평화와 인도적 개입을 이유로 또 다른 형태의 "무력 사용"을 정당화했던 것이다. 말하자면 전쟁 방지를 위해 설립된 기구가 평화를 명목으로 오히려 "전쟁"을 정당화시킨 것인데, 이것은 환란 시대에 평화로 많은 것을 멸하게 될 "적그리스도의 실상"이기도 하다(단 8:25). 심지어 그들은 "러시아의 우크라이나 침공"(2022년)이나 북핵 문제 하나 제대로 해결 못하고 있지 않은가! 이렇듯 국제연합은 "국제 분담금"이나 축내고 있는 쓸데없는 기구임이 분명하지만, 전 세계가 화평(평화)을 열망한다는 것만큼은(학 2:7,9) 확실하게 대변하고 있다.

2. 화평의 성읍인 "예루살렘"에서 기인하는 세계 평화

성경은 "국제연합"이 "세계 평화를 위한 마지막 희망"이라고 말씀하지 않는다. 오히려 100개 이상의 구절에서 "국제연합에 화가 있을 것이다!"라고 경고한다. <u>**세계 평화는 국제연합이 아니라 "화평의 성읍인 예루살렘"에서 기인한다**</u>. **『또 그가 예루살렘을 세워 그것으로 땅에서 찬양이 되게 하시기 전에는 그로 쉬시지도 못하게 하라』**(사 62:7). "만군의 주"께서는 지금도 일하고 계시는데, 그것도 "열성"을 갖고 일하신다(사 9:7; 37:32). 이는 예루살렘이 이 땅에서 여전히 "찬양"이 되지 못하고 있기 때문이다. 여전히 그 성읍에서는 분쟁이 끊이지 않고 있으며, 심지어 대환란 기간에는 하나님으로부터 버려진 채 "소돔과 이집트"(계 11:8)로 불리기까지 한다.

예루살렘이 찬양이 되고 화평의 성읍이란 명성을 되찾기 전까지 "세계 평화"는 꿈도 꿀 수 없다. 예수 그리스도께서 예루살렘을 위해 싸우시고(슥 14:1-4) 그 성읍에 화평을 주실 재림 때 세상의 모든 전쟁은 종식될 것이다. 따라서 세계 평화를 진정으로 열망하는 사람이라면 "예루살렘의 화평"을 위해 기도해야 한다. **『예루살렘의 화평을 위하여 기도하라. 너를 사랑하는 자들은 번성하리로다』**(시 122:6). 그런데 국제연합은 예루살렘을 사랑하지 않는다. 제8대 유엔 사무총장인 "반기문"을 포함하여 역대 사무총장 그 어떤 사람도 예루살렘을 사랑하지 않았다. 하나님의 뜻에 따라 예루살렘의 화평을 위해 기도하지도 않았다. 오히려 그들은 예루살렘의 주인인 이스라엘을 대적해서 "마호메트의 종교"와

결탁했고 "모슬렘들의 권리"를 옹호해 왔다. 이렇듯 예루살렘을 사랑하지도, 예루살렘을 위해 기도하지도 않는 국제연합이 "번성할 것"이라는 것은 실로 꿈같은 이야기이다.

3. "반유대주의적인 입장"을 고수하는 국제연합

국제연합은 반유대주의적인 입장을 고수하고 있어서 결코 화를 면할 수 없다. "피터 럭크만" 목사는 국제연합이 이스라엘을 대적하여 "450개의 결의안"을 통과시켜 왔다고 말했다. 이것은 총회 등에서 의결한 이스라엘 관련 "전체 700개의 결의안" 중 450개로서 1945년 이래로 국제연합에 의해 통과된 결의안들 가운데 "절반 이상"에 해당한다. 일례로 2016년 12월 23일, "유엔안전보장이사회"가 이스라엘이 동예루살렘을 포함한 팔레스타인 점령 지역에서 정착촌을 확대하는 것은 불법이라고 규정하며 정착촌 건설 중단을 촉구하는 결의안을 사실상 만장일치로 채택한 적이 있었다. 15개의 상임이사국 가운데 14개국이 이 결의안에 찬성했고, 항상 이스라엘 편에 서서 "반대표"를 던져 온 미국이 어찌 된 영문인지 이번 결의안에서는 "기권"하고 말았다. 그것은 사실상 결의안에 찬성한 것이나 다름없는 선택이었기에, 이스라엘의 "네타냐후" 총리는 당시 대통령이었던 "오바마"를 향해 "비열한 복병"이라고 비난하면서 "새 시대에는 모든 게 바뀌고, 결국 미국은 비싼 대가를 치르게 될 것"이라고 경고했다.

반면에 이 결의안에 대해 아랍권은 "팔레스타인인들의 권리에 대한 역사적인 결정"이라며 쌍수를 들고 환영했다. 이러한 결의안은 그동안 국제연합이 고수해 온 "두 국가 해법," 곧 이스라엘과 팔레스타인의 평화로운 공존을 추구하는 원칙에서 비롯되었다. 하지만 그것은 "평화를 위한 진정한 해법"이 될 수 없다. 역사적으로나 성경적으로 "팔레스타인 땅"이 평화의 시대를 보냈던 기간으로는 이스라엘의 솔로몬 왕이 주위 이방 나라를 완전히 평정했던 때가 유일하기 때문이다. 『**그가 텁사에서부터 앗사까지 강 이편에 있는 모든 지방, 즉 강 이편의 모든 왕들을 다스렸으며, 또 그가 자기 주위의 사면을 평화롭게 하니 유다와 이스라엘이 솔로몬의 평생 동안 단에서부터 브엘세바까지 각자 자기 포도나무와 무화과나무 아래서 안전하게 거하였더라**』(왕상 4:24,25). "두 국가 해법"은 계속 싸우자는 것밖에 안 되는 유치한 발상에 불과하다!

4. "하나님의 언약"을 무시하는 국제연합

<u>**국제연합은 하나님의 언약을 무시하고 있기에 화를 면할 수 없다**</u>. 그들은 하나님의 언약을 철저히 무시한 채, 하나님으로부터 전혀 재가도 받지 않은 상황에서 제멋대로 팔레스타인 땅을 인수 인도하며 "평화의 사도"로 자처하고 있다. 그 땅은 누구의 땅인가? 다름 아닌 "<u>**이스라엘 땅**</u>"(대상 22:2)이다. 사실 "팔레스타인 땅"은 잘못 붙여진 이름이다. 19,20세기에나 그 이전에라도 소위 오늘날의 "팔레스타인인들"과 같은 사람들이 있었는가 하면 그렇지 않았다! 그들은 그저 여기저기 살고 있다가 모여든 "정체성도 불분명한 아랍인들"일 뿐이다. 특히 그들은 지난 2천여 년 동안 그 땅에 국가를 세운 적이 한 번도 없었다. 그런데도 국제연합과 유럽 여러 나라들 그리고 모든 언론 및 국제 여론은 마치 그들이 그렇게 한 적이 있는 것인 양 몰아가고 있는데, 그 배후에는 하나님의 역사를 방해하려는 사탄이 있음을 기억해야 한다.

분명 그곳은 하나님께서 이스라엘 백성에게 주신 이스라엘 땅이다(신 12:9,10; 32:52). 주님께서는 그 땅을 "무조건적인 약속"(아브라함의 언약)으로 그들에게 주셨다(창 15:18-21). 그것도 온 우주에서 최고의 권위자이신 하나님께서 "맹세를 통한 약속"으로 주셨다. 따라서 오늘날 중동 분쟁 같은 팔레스타인 땅에 대한 모든 다툼과 논쟁들은 이미 판결이 난 사안이다. "이 땅"에 대한 모든 다툼과 논쟁은 이미 종결된 것이다. 『**실로 사람들은 자기보다 더 위대한 이를 두**

고 맹세하나니, 확정을 위한 맹세는 그들에게 모든 다투는 일의 종결임이라』 (히 6:16). 그러므로 그 땅을 제멋대로 차지하고 취급하려 하는 로마카톨릭, 모슬렘, 개신교, 전 세계 종교 및 정치 지도자들, 특히 "국제연합"은 하나님과 그분의 백성에게 속한 유업과 재산을 도둑질하는 강도들에 불과하다. 과연 그런 도둑들이 하나님의 진노를 피할 수 있겠는가!

국제연합은 결코 화를 피할 수 없다! 성경은 그것에 대해 "100개 이상의 구절"에서 경고하고 있다(창 15:18-21; 17:8; 49:10, 출 3:5, 레 25:23, 민 23:9, 신 11:24; 15:6; 16:11,15; 33:28, 룻 4:4-10, 왕상 8:34,36,48, 왕하 17:35,38, 대하 6:25,36-38, 스 8:28, 시 2:6-8; 47:7,8; 48:1-3; 60:12; 72:8-11; 76:1-3; 89:3,4; 99:9; 105:8-11, 사 8:18; 31:4; 32:18; 34:1,2; 62:7, 렘 3:17; 30:16,18; 32:36-44; 33:7,14,16; 50:19, 겔 20:40-42; 28:25; 34:12-14, 단 11:45, 욜 3:1,2,9-17,21, 암 2:10; 9:14,15, 옵 1:15-18, 미 4:11-13; 7:20, 습 3:15-20, 학 2:7-9, 슥 2:12; 8:3; 9:10; 10:6-10; 12:2-9; 14:1-9, 눅 1:31-33, 롬 11:25-27).

하나님의 경고를 무시하는 국제연합에 가입한 193개 국가의 어떤 대통령이나 정치적 지도자도 이 구절들 가운데 단 한 구절조차 유념하지 않는다. 이제 곧 그들에게는 진노의 심판이 임할 것인데, 하나님께서는 국제연합을 비롯하여 그에 속한 모든 이방 민족들을 단으로 한데 묶어 태워 버리실 것이다(마 13:30). 그들 위에 모든 분노를 쏟으실 것이며 그들 모두를 질투의 불로 삼키실 것이다(습 3:8). 주님께서는 그들을 향해 전쟁을 선포하신다. 이 전쟁은 이곳 지상에서 실제적인 하나님의 군대에 의해 수행될 것이고 엄청난 살육이 있을 것이다(계 19:11-21). 성경 말씀의 경고대로 **『악인에게는 화평이 없다』**(사 57:21, cf. 사 48:22). 오직 "화"만 있을 뿐이다! 이것이 바로 국제연합을 대적하여 선언된 최종적인 경고인 것이다.

NOTES

NOTES

<추 천 도 서>

죽음의 재 같은 땅 이스라엘

피터 S. 럭크만 지음 / 520쪽

25,000원(eBook 9,900원))

역사적으로 가장 수난을 많이 당한 민족임에도 불구하고 여전히 인류 역사의 중심인 이스라엘의 모든 것들을 제시한다.

이스라엘의 회복

피터 S. 럭크만 지음 / 48쪽

3,000원(eBook 2,100원))

이스라엘은 영적으로뿐만 아니라, 민족적으로도 회복될 것이다. 그들은 그들의 땅인 팔레스타인으로 돌아갈 것이다.

코란, 신의 계시인가?

피터 S. 럭크만 지음 / 88쪽

2,500원(eBook 1,900원))

코란은 선지자를 자처한 거짓말쟁이가 성경을 위조하고 천사의 말이라며 꾸며낸 이야기이다.

소선지서

피터 S. 럭크만 지음 / 512쪽

20,000원(eBook 14,000원))

초림과 재림을 넘나드는 예언 속에서 성경의 주제인 왕국, 즉 하나님께서 통치하시는 신정 통치 왕국의 교리를 알게 된다.

솔로몬 성경공부 시리즈

스 파 냐

주의 날과 이스라엘의 회복

초판1쇄 2022년 5월 6일
초판2쇄 2022년 5월 12일
지 은 이 / 편 집 부
발 행 인 / 박 승 용
발 행 처 / 말씀보존학회
출판등록 / 1988. 12. 12. 제16-223호
주 소 / 서울 강서우체국 사서함 제90호
전 화 / (02) 2665 - 3743
팩 스 / (02) 2665 - 3302
인 터 넷 / www.biblemaster.co.kr

잘못된 책은 바꿔 드립니다.

값 5,000 원